JN409148

강동순 시집

질매재 느티나무

도서출판 진실한 사람들

| 시인의 말 |

항상 젊음을 간직하고
푸르게 서고 싶다
세월은 가도 마음은 청보리
언제나 꺾이지 않는 희망 꿈꾼다.

삶의 일기 한 땀 한 땀 수놓은 것이
어느 순간에 시로 다가왔다.

어떻게 시를 지어야 할지 망설이고 있을 때
친우 이희라 님이
노원 울타리 문학반 같이 수업

이명혜 시인님
가르침이 매우 즐겁고 힘이 솟는다
팔십 번의 종이 울렸지만
열정으로 꿈을 이루리라
잠든 시간 조용히 밤 2시까지 쓰고 또 쓰고
다음날 문우님들과 함께 발표
손뼉치고 칭찬 받을 때 그 기쁨 감동

힘이 되어 주신 문우님께도 감사드립니다.
이명혜 교수님께 고마움
머리 숙여 감사드립니다.

첫 시집
《질매재 느티나무》
선보입니다.

2018년 3월
강 동 순

차 례

1부 찾아온 고향

2부 세미원 연꽃

3부 가을 볕이 좋은 날

4부 꽃잎 되신 어머니

5부 나무 사이로 찻집

1부

찾아온 고향

질매재 느티나무

월아산 질매재 너머
텅 빈 들녘이 시리다

온몸을 뒹구는
저 낙엽 외로움일까?

해 떨어지는 눈부신 황홀
스산한 바람이 분다

가야 할 황혼 녘 저쪽
늦가을 느티나무 한 그루

*월아산 : 경남 진주에 있는 아름다운 명산

진양호 둑에 서서

진양호 호숫가 거닐다 보니
어느새 이렇게 멀리 왔다

앞만 보고 달려온 시간
거친 모래바람 헤치고
바쁜 걸음 재촉하며
걸어온 시간들

강물에 살며시 발 담그면
그리운 시간들이 떠오르는 물결

진양호의 그리움은
또렷이 살아 오르는
정희도 숙희도
손짓하며 물결 속에서 걸어나온다

어촌 일기

바다에
질긴 목줄을 맡긴 채
고단한 하루를 열어가는
남해 내 고향엔

새벽이면
바다 바람에 찌든
낯익은 얼굴들이 꾸역꾸역
부두를 찾아든다

안개를 뚫고
수평선을 달려가는 뱃전 위로
시뻘건 아침 해가 불끈 솟아오르면
고깃배는 만선의 꿈에 한껏 부푸는데

썰렁한 부두에는
약속처럼 모여 앉은
억척스런 아낙들이
다 헤진 그물을 부지런히 다듬고 있다

찾아 온 고향

둘레길 돌고 돌아
찾아온 고향

아침이면 물안개 피어
물결 춤추던 작은 호수
둑길 간데없고
아파트 숲이 되어버린 여기

네 모습
껍데기만 남은
진주극장 간판만 펄럭펄럭
어제와 오늘 변함없는 고향이지

지금 여기
스산한 바람 포구나무 이파리들
유년 시절로 달려가는
둘레길만 보인다

시월의 과수원 길

시월은 단풍의 계절
넉넉한 햇살에
익어가는 하늘 사과

고만고만했던 나무들과

내 나이만큼이나
오래된 그 길

향기 가득한 과수원 길
시월의 그림 그리며
곱게 저물어가네

금호 호숫가에서

물안개 핀 이른 아침 호숫가
발걸음 옮길 때마다
상념에 젖는다

흔들림 없이
지나온 남들이 문득
호수 위로 떠오르고

단발머리 숙자 정자 정남이 친구
숨차게 오르던 말뒷고개
꿈을 안고 학교 가던 그때

수양버들 몇 그루
버들피리 불던 그 시절 생각
곁가지에 매달린 시간들이
짧게 빛난다

그때
따뜻한 그 손길
나도 따라
물안개 되어 피어오른다

남해 은갈치

밀물과 썰물에
해감하는 은갈치

한낮에
거센 파도 거슬러 그 물살에
제 마음 풀어내기도
파란 하늘 마음 담아 물감을 들이다가
더 힘껏 뛰어온 나
오선지에 음표를 찍는다

돌고 돌아 다못 한 이야기 해 내어야
끝이나
먼 바닷길을 돌아오는 은갈치

심해 바닥을 유영하며
자신의 욕심과 죄
바다에 풀어내고서야
푸른 바다 위에 도돌이표를 찍는 은갈치

지리산 육십령 길

육십령 고갯길
철쭉꽃 무더기 무더기
아찔하게 피었다

고갯길 가로수
불꽃으로 푸르던 날
우리는 핏빛 이별을 염려했다

산모퉁이 돌아
바람 발자국 소리에 놀라
소스라쳤던 시간

고불고불
육십령 고개
너와 내가 밀리어 가는
지금 슬픔의 길이다

남강을 건너는 물결
-언니를 보내며

남강이 꿈꾸며
오늘도 먼 길 떠난다

자라바위 사이 지나
기슭에 다다르면
다시 거슬러 올라야 할 물살

두고 온 너를 돌아본다

어둠을 밝히는 빛살 따라
별이 되어 가야 할 길
물살은 제길 찾아 열어간다

고갯길 소나무

뽀드득 뽀드득
눈 발자국 소리에
후다닥 깨어 일어난다

나는
소나무 가지 품으며
하얀 눈꽃이 되어
내 마음을 피워본다

흙바람 비바람도 품으며
꿋꿋이 서 있는 저 노송 되기도
나도 푸른 마음 되어
눈 속을 뛰어든다

고갯길 눈 발자국
소곤소곤 바람 되어
다시 귓가에 맴돌 때
나는 흔들려 깨어난다

낙숫물 여행길

똑똑 처마 밑 낙숫물 길을 내며간다
그 물길 가다 마루 끝에 걸터앉기도 하고
턱 고여 먼 하늘 보다
돌아눕기도 한다

북적북적 웃고 떠들썩 잔칫집 지나
뒷골목 돌아
뿔뿔이 흩어져 가는
낙숫물 여행길

물길은 깊어만 가는데
저 물속 밑바닥 알 수 없는데
강으로 바다로 가는 너는
바닷물이 되기 위해
오늘 온몸을 던지며 가는
고향길 여행이다

불갑사에 가다

소녀 같다
영광군 불갑면 모악리
모악산 밑
물결 이룬 상사화(무릇꽃)

저 삶은 찰나인가 봐

마음 다스리는 구제
번뇌 씻는 선행
저 기원하는 그 모습

가슴 아픈 바람지나
여기 서니
민들레 씨앗 하나
하늘 높이 나는 그 말씀 보네

지리산 천왕봉

중산리에서
천왕봉을 향해 산을 오른다
울긋불긋 물든 산등성 단풍잎
흐르는 계곡 물은 한 폭의 수채화

고갯길 넘고 넘어
오를수록 깊어지는 길
천왕봉은 머리 위에 있고
네게로 가는 길은 아득하다

산새 소리
바람소리 어우려져
포근하게 감싸주는 어머니 산

천왕봉 정오는
눈부시게 맑아
푸른 꿈
높이 심는다

한 걸음 또 한 걸음
흩어지는 땀방울
천왕봉 만나러 가는 길은
빛나는 순례자 길이다

모하비 사막 신기루

흐르는 콜로라도강
생명의 젖줄이다

산과 들
갈색 널브러져 누워 있고
강인한 서부인 정신
모래와 함께 흩어져 산다

저 하늘과 사막이 맞닿은 곳
호수 속 하늘 달이 곱게 비추고

그레이하운드 버스
오고 가는
끝이 보이지 않는 광야

홀로 선 신기루
경이롭고 신기한
언제나 볼 수 없기에
그리 쉴 새 없이 눈길 흔들린다

*모하비 사막 : 미국 애리조나주 네바다주 유타주 연결

성묘 가는 길

찬란한 햇살 부서지는 날
성묘 가는 길
꼬불꼬불 산길
물소리
폭포 소리
무지개 꽃
산까치도 마중나와
푸른 날갯짓
베풀며 살라시던
그리운 어머니
꽃잎 되어 어깨 위에 내려앉는다

저녁 바다

왁자지껄
주름진 아낙들이
노을빛으로
물들고

가난했던 오늘
바다를 일삼아
하루를 낚는
여수 바다의
밤 풍경

만선의 기쁨 누려도
골 깊은 아낙네들
바다의 밭에서
생을 이어 간다

바람과 열정이
저녁을 초대하고
내게도 일용할 양식을
어시장에서 찾는다

산 하

영산홍 아카시아 꽃 행렬
남에서 북으로
북에서 남으로
여행길 떠나네

오색 열매
푸른 산길 따라가는 건
산과 물이 존재하기 때문

허리 묶인 철조망
참새 몇 마리
묶인 허리 풀어내려
떼 지어 날아가고

강강술래 강강술래
동그랗게 돌다가
아름다운 산하
울려 퍼지네

소양강에서

바다를 꿈꾸며
거친 물살 헤쳐
뒤돌아보지 말자

흐르는 강물 위에
슬픔 남겨 놓고
맨발로 달려가는
물살

소양강은 그리움
너는 물보라로 일렁이고

끝내
내게 덥석 안길 듯이
다가온다

2부

세미원 연꽃

갈 대

갈색 저고리 고름 휘날리며
어설픈
곱사춤을 춘다

호수 위 별빛 쏟아지면
풀벌레 울고
너는 사랑이 그리워 울고

지나는 바람
내 허리를 껴안아 주니
우리 사랑 시샘하는 날카로운 달빛
달빛 눈초리

갈대는 응석을 부리고
내 무너진 허리 치켜세운다

세미원 연꽃

연두색 우산 받쳐 든
힘찬 꽃줄기
가지런히 서 있다

햇살 아래
툭
터질 듯
합장의 붉은 마음
불심의 염원

겹겹으로 벙그러져
꽃잎 하나 둘
절정을 지난다
보라 초록의 보석함
연밥으로 제살과 피로
내어주는 마음

진흙 속 깊이 뿌리박고
물속 정화시켜
살아가는 것이다

담쟁이

위로 위로 무릎 꿇고
피멍든 손끝으로 돌담길
뻘뻘 기어오른다

가파른 절벽
돌담길 쉬지 않고
숨차게 기어오르는 것은
자신을 불태우는
뿌리가 살아 있기 때문이다

너와 나
길을 오르는 믿음 사랑 꿈은
초록 담장을 세우며 가는 길

담쟁이 가는 길은
그래서 평화다

배 꽃

봄바람에 휘감긴 꽃잎 하나
햇살 한조각에 빛난다

터질 듯 기쁨인가
가슴속 수정 같은 보석
빼곡히 매달고

크고 새하얗게
세상 향해 길을 연다

박 꽃

시집 온 새색시
큰소리 내면 울음터질까
숨죽이고 오르는 박꽃
긴 밤
달빛 휘감고
사랑 엮어 뻗어 나가기 위해
한밤 내
까치발로
하늘을 오른다

청보리

그대
오늘도 변함없이 푸르구나

유년 시절의 부푼 꿈
벅찬 그대 모습

비바람 불어도 넘어지지 않는
기다림으로

희망의 열매 멀리멀리
날려 보낸다

물망초

바다 물빛 푸른 물망초꽃
빛나고 화사한 그 아름다움에
발걸음 멈추게 하며 혼을 빼앗아간다

너를 치마폭에 감싸안고
행여나 네 마음 다칠까 봐
조심히 심었던 물망초꽃

밤새
회오리 바람에
뿌리 채 뽑힐까 봐 조바심 났다

자신이 떠나간 그 자리에
구멍이 뻥 뚫려 가슴 시리웠어
너 앉은 자리에
햇살이 아름답게 비춰 눈부셨다

나리꽃

힘겹게
피어난 나리꽃
삶의 꿈 향해
먼 길 달려간다

호랑나비 흰나비
꿀 따며 사랑하고
바위에 부딪혀
살이 짓물러도
꿋꿋이 일어서리라

흙바람
비바람에도 끄덕없이
뚜벅뚜벅 걸어가리라

나리꽃 날마다
정답게 살부비며
살아가리라

할미꽃

산삐알 길섶에
빨간 입술 다소곳
고개 숙인 할미꽃

실눈 뜨고 그리움에
애타는 마음 그 누가 알까

오늘도 산 넘어
내 실핏줄 언제 오나
빛바랜 나의 소망

웅크리고 앉아
그리움의 눈물 실타래 되어
기다리고 기다린다

자운영

돌밭 일구며 걷는 논두렁
논에
꿈을 심는 자운영

그 꽃냄새
사랑 열매 영글어간다

벌 나비 훨훨 사랑하고
종다리 높이높이 날고 있던

자주빛 꽃밭을 휘감고
피로가 싸-악
오늘도 밝은 빛이 솟는다

섬진강 매화

아침 햇살에
섬진강 매화
번쩍 눈을 뜬다

물결 저어오는
봄맞이 새떼들

섬진강 물길 따라
매화향
탄성이 절로 난다

나물 캐는 매화골 아씨
우아한 몸매
바구니 속 향기에 취한다

구절초

선학산 비탈진 산자락에
흐드러지게 핀 꽃 구절초

풋풋한 산국화향
그윽한 꽃향기가 살랑살랑
코 끝에 머문다

손짓하는 산자락에
벌 나비 사랑하고
꽃향기에 취하는데

하얀 꽃길 따라가면
구절초 해맑은 웃음이
기다린 듯 반겨주네

소나무

제 스스로도
한평생 부끄럽지 않습니다

언제나
변함없는 마음으로 살아가는

세속에 물들지 않고
올곧은 마음가짐으로

내일 또 내일
날마다 푸르름으로 살아가렵니다

대보름 달집놀이

마을 어귀 대나무 기둥 세우고
푸른 솔가지 띠를 둘러
둥근 달집 하나 짓다

지붕 꼭대기에 방패연 달고
어른 아이 모두 나와
소원 하나 둘
둥근 달집에 매달고

보름달 솟아오를라치면
기쁨의 함성 메아리되니
달집 불꽃놀이
하늘 높이 활활
나쁜 기운 태워버리고
고깔 쓰고 꽹과리 장구 치며
풍요로운 한해 기원한다

양 파

맑고 둥글며
탱탱한 겹겹의 마음

벗겨내도 알 길 없는
속마음 만나기 위해

웃고 울며 너를
바라본다

하얀 살결로
빚어낸
모나지 않은
얼굴들이

바구니 가득
담겨 있다

풋고추

빤질빤질
바짝 약이 오른 풋고추

한입 아작 베어 물면
입 속 화끈 불꽃

톡 쏘는 매운 맛엔
생된장이 맛깔난다

막걸리 한 사발
풋고추 부침개 한 접시면

한여름
뜨거운 바람 날려보내고
시원한 사랑이다

찔레꽃

오월의 신부
설레는 찔레꽃

새로운 인생길
꽃잎에 담아두고

향긋한 꽃내음
행진으로 이어진다

누구나 그렇듯
내일을 꿈꾸면서

3부

가을 볕이 좋은 날

봄이 오는 소리

수줍게 웃음 띈 복수초
화들짝 눈을 뜬다
앞산 골짜기 쨍그랑
동장군 떠나는 소리

도랑가에 버들강아지
가지마다 보송보송
솜털 옷 배시시 웃는다

여기저기 다투듯
소곤소곤
꽃망울 터지는 소리

시린 바람
봄소식에 날아가고
그녀가 까치발로
사뿐사뿐 걸어온다

가 을

날아가는 느티나무 가지
잎새는
나그네다

푸르름 자랑하던
느티나무도 낙엽 되어
산기슭 오르는 길을 간다

노루꼬리 짧은 가을 해
나그네들
조급한 마음 재촉하지만

걸어가는 이 길이
희망인지 절망인지
알기도 전에
저만큼 멀어진
가을

눈꽃이 피면

하얀 발자국
마른 가지에 핀 눈꽃

눈꽃 따라 가지 위에 오르면
하얗게 핀 상처 위로
나는 눈물이 된다

눈꽃 밟으며
다가가는 내 고향은
눈물을 사랑으로
아픔을 마음으로
안아주는
드넓은
눈꽃 세상이다

가을이 가는 길

밀려가는 낙엽들은
외로운 나그네

자랑도 기쁨도 그리움 되어
오늘은
정처없이 떠도는 낙엽

맑고 높은 하늘도
가는 길 재촉하는 발걸음도
가을에 묻혀

열매마다 살찐 풍요
설렘에 거두는
가을이 가는 길

봄을 밀어 올린다

봄 소리 일어선다

언제 왔는지
먼 산 언덕 아래 냉이 쑥
뾰족뾰족 언 땅을 뚫는다

봄볕
두덩 배고 누워
졸음을 쏟아낸 정오

갈 길 바쁜 물소리
기지개 켜며
빠른 걸음 내닫는다

도랑가
여기저기 빨래 방망이 소리
토닥토닥
봄을 밀어 올린다

함박눈

복지관 밖
상수리나무는 담벽에
함박눈 펑펑
담벼락 걸터 앉기도
흩날리기도 한다

눈길의 원망이
옷깃을 여미며
흩날리는 눈송이 따라
먼 기억의 길을 내며
어느새 옛 시간 속으로 날아간다

말뒷고개 오솔길
육십리 길 돌아
눈싸움하던 아득한 그리움의 길

하얀 눈꽃들
한잎 한잎 길이 되어
바쁜 걸음 걸음 따라
나는 한송이 눈길이 된다

귀뚜리 우는 밤

귀뚜리 울음소리 갈바람 속 날아
사방 풀물 들인다

너덜한 처마 밑 숨어들어
무릎 꿇고 한밤 설어울다
그 울음소리

쩍쩍 갈라진 흙 담벽 기어들기도
움푹 파인 돌담 사이로
구불구불 허공 길 내어 오르다

무너진 돌담 사이 살금살금
웅덩이 되어 물결이 된 울음소리
찰랑찰랑
내 몸 안 파아란 물 웅덩이
들어와 앉는다

오월은 산천이 활기차다

봄은 사랑방이다
철쭉꽃 송홧가루
이리저리 분주하다

꽃향기에 취한 봄동산
잠간 쉬었다가
바쁜 걸음 옮겨간다

오월은 여름을 불러오는 물줄기
희망 꿈 초록의 잔치
가슴 벅차고 산천이 활기차다

오월은 터미널이다

가을 볕이 좋은 날

평상 위
빨간 고추
가을 볕에 눈부시다

빨랫줄에 걸린 내 속옷
바람에 흔들리고
뽀송뽀송 말라간다

고추잠자리 떼지어
하늘 붉게 물들이면
좋아라 달려들던 어린 기억들

내 고향
멍석 위에 순이도 명희도
고추밭로 누워
가을 볕 좋은 날
나를 초대한다

단풍 불 보다

이를 수 없는 것들 끝내
제 집을 떠나는 거라고
물든 단풍나무 가지에 매달린 잎새
불길로 전한다

바뀔 수 없는 내 뜻이
가지에 매달려 간당간당
저건 흔들리는 안타까움이라고

끝내 이룰 수 없는 뜻이
뿔뿔이 등 돌리며 황망히 손 흔들어
떠나가는 자리

그러나
새봄 오면 내 가슴 화판에
그려질 미래가 있고
또 안타까운 단풍 물들어
타오를 것을 안다

봄비

밤새 봄비 내렸다

조용하게 땅 속에선
희망의 새싹 피우는데

겨울 동안 움츠렸던 몸
가만히 안아주는
그대를 닮은 비

그 비 지나간 자리에
보슬보슬 아직도 남아 있는
그대 같은 봄비

초가을 강나루에서

강물 위
곱게 물든 상수리 이파리
두둥실 떠간다

더위가 지나간 자리

피라미들 이리저리
흩어졌다 모이며
제 갈 길 찾는다

강나루
물안개에 숨어 있는
철없던 내 그리움
한 조각

가을이 살짝
데려다 놓는다

팔월 들녘

아직은 푸른 물결이다
가쁘게 숨을 몰아쉰다

한나절 뜨겁게 달궈
한알한알 열매를 만들고 있다

저 멀리서 손짓하는
황금 벌판

사랑과 희생으로
땀방울의 결실이다

봄 향기

봄은 우리 집 식탁에
먼저 올라 앉는다

새콤달콤 상큼하게
무친 봄동 겉절이
냉이 달래 쑥
보글보글 끓인 구수한 된장국

온 식구 둘러 앉아 먼 길 가신
어머니 손맛 자랑이다

산수유 진달래 피고
순백의 목련꽃
어머니 좋아하시던 꽃

우리 집 뜰 안에 봄 향기 가득

9월의 과수원 길

멀리서 불어오는 바람
코끝을 맴도는
향긋한 과수원 길

따갑던 햇살도
식어가고
소슬 바람이 불어온다

9월이면
황도 복숭아 익어가고
상큼한
어머니 좋아하시던 과일

속으로만 품고 살아온
그리운 어머니
저 멀리 과수원 길 오고 계신다

봄 볕

앙상한 목련
가지마다
봉곳한 꽃봉오리

나른한 봄볕에
가슴속 맺힌 응어리
사르르 녹아내린다

어깨 위로 내려앉은
포근한 봄 기운이
한없이
가슴 부풀게 하는데

봄바람
손짓하는 가지마다
봄볕 스며들 때
사랑의 눈짓 마냥
정겨워라

가을 속으로

나그네
지난 날의 그리움을
품고 사는 그림자

오늘
떠나는
그대는
어둠 속으로
가고 있는가?

발걸음 옮길 때마다
쌓이는
그리움은
깊은 가을 속으로
스며든다

봄

봄은 사랑방
온갖 꽃들 모여
제 자랑에
분주하고

꽃향기에 취한
길손들은
바쁜 걸음
재촉하네

봄은 마중 나온 여름에게
초록 잔치 차려주고
푸른 노래
들려주네

낙엽 밟는 소리

찬란하게 물든 단풍
이 가을
오래오래 보고 싶다

시샘하듯
밤새 비가 내려
소리없이 낙엽되어 뒹군다

내가 밟는 힘 있는 낙엽 소리
네가 낙엽 밟는 힘겨운 소리

너와 나
토닥토닥 정겹게 살아온 길
추억하니
아쉬움에 밟힌 낙엽 소리

오 월

두 팔 벌려
아카시 안아보고
가슴 펴고
그대를 기다리니

꽃 잔치 화려하고
설렘 가득한
가슴 벅찬
오월

4부

꽃잎 되신 어머니

꽃잎 되신 어머니

불암산 산행길
흐드러지게 핀 진달래 속
어머니를 만난다

화전 지지던
갈퀴 어머니 손
마디마디 사랑이다

베풀며 살라시던 그 말씀
꽃비 되어 울린다

화창한 사월
불암산 굽이 돌아
그리운 마음 다시 한 번
꽃잎 되신 어머니
불러 봅니다

세 월

처마 밑 낙숫물은
시간이다

북적대며 웃고 떠들던
웃음소리도 시간 속으로
스며들고

되돌릴 수 없는 시간들
어둠이 되어 쌓이고

붙잡으면 손가락 사이로
와르르
사라진다

바삐 지나간 하루
한움큼 쥐어보지만
어김 없는 빈 손

오 늘

해가 떠오르면
오늘은
제 삶의 자리를 찾아
바쁜 걸음을 재촉한다

바뀌지 않는 일상 속에서
고단한 인내는
빨래줄에 매달린 채
땀방울로 녹아내리고

양팔을 한껏 펼쳐
눈부신 태양을 바라보면
건조한 가슴속에서
아련한 꿈이 꿈틀거린다

해거름 골목길
꺾어진 길 옆에
비스듬히 기운 가로등 하나
또 다시 내일을 기약한다

산다는 것은

I

밤새
희긋희긋 잔설이 내렸다
장독 위에 돌담 위에

침묵하는 겨울
마음 설레는 눈발이 없다면
그래도 설레는 맘 있어
새봄 반갑게 기다린다

같은 길
어제 가고 오늘 오가듯
겨울과 새봄
하늘 다리 매일 오간다

II

먼 길 흘러온
남강은 그리움이다

철부지 시절
눈부시게 빛나는 물결
희망을 간직한
시간이다

지금
흔들리며 걸어가는

끝까지 가다보면
보석 같은 남강에
나의 물길에도 업혀가고 있다

III

길게 드리운 그림자가
힘겨운 해넘이

밝은 날도
어두운 날도
저 산을 넘는 것
꿈처럼 아득하다

이제
모든 한숨은
끌어 안고
천천히 걸아가야겠다

Ⅳ

밝음과 어둠은
공존하는 친구

밤이 있어
꿈을 심는 길 열어가고

오르고 내리고
흔들리며 간다

사랑하고 헤어지면
시간은 새로운 만남으로 이어지고

떠나간 것들은
그리움으로 남는다

어머니

자식은 아픈 손가락
엄지 검지

먹을 때도 붙잡을 때도
엄지와 검지는
흔들려도 서로가 서로를 붙들고 간다

한없이 주고 또 주어도
가시덤불에 찌르고 찔려도
아프지 않는 어머니 사랑

하나의 몸을 지니고
서로가 서로를
다섯 손가락에 매달려 살아간다

마 음

손잡을 수 없으니
바람 소리냐
기척을 알 수 없는
그대 숨결인가

알 수 없는 마음
나도 침묵으로
맞선다

허공에 부딪히는
서로 다른 마음들

움켜쥔 손 놓으니
평화롭다

그리운 친구들

들판은
가을걷이에 눈코 뜰 새 없는데

이맘때면
어김없이 생각나는
고향 떠난 가시나들 얼굴

굽은 허리 펴다 말고
들길 한 번 둘러보고
우수수 낙엽지는 소리에
귀 쫑긋 기울어 보고
끝내는 제 성질 못 이겨
푸념을 쏟아낸다

못된 가시나들
나쁜 것들 같으니라고 그리도 다정했었는데
눈시울이 빨갛게 젖는다
그래 그래 다들 잘 살고 있겠지…

밤은 삶을 주는 것

모두 제 갈길 바쁘고
새벽을 맞이하는 한밤

하루가
지나면
차가운 달빛이 길 떠나가고
달빛 그림자 밟고
새벽의 길을 열어가는 여기

그대 무슨 꿈을 꾸려는가?
다시 태어나기 위해 존재하고
또 그렇게
내게 햇살로
찾아온다는 것을
밤은 새벽을 준비하나 보다

이 별

낙엽은
뒤돌아보지 않고
잡았던 손 내려놓고
떠나가 버린다

모든 것 다 주고
떠나는 홍단풍잎

만남과 헤어짐
무수히 부딪히는
삶의 길인 것을

기 도

씨앗 한 알
생명 되도록 하소서

땀방울 헛되지 않도록
무릎 꿇고 기도드립니다

서로의 아픔을 나눌 수 있도록
간절한 마음으로
제게 허락하소서

방황과 고뇌가 멈추고
비로소 당신의 손길
느낄 수 있는
순간 되게 하소서

소녀의 꿈

봄이면 뒷동산
꽃물결 이루고
숨차게 오른 비탈길 아래

저 멀리 보이는 은빛 모래밭
그 속에 숨어 있는
내 꿈 한조각
아무도 몰라준다

아무에게도 말하지 않는다

모래알처럼 작은 내 꿈이지만
소녀의 마음속에서
샛별처럼 빛나고
또 빛난다

한 길을 가다

생각과 마음
제자리를 찾아가는
소나무 새순
정신과 행동이 같은가
백번의 생각
옮겨가며 꺾어보는
푸른 솔 눈

바꾸는 마음
변하는 생각
한 묶음으로 묶어보는
소나무의 마음자리

마음과 생각 단단히 묶을수록
제 길을 걸어가는 소나무 마음자리 본다

한가위

송편 속에 오늘을 담으며
꿈 사랑을 심는다

풍성한 한가위
대청 마루 동그랗게 앉아
윷놀이에 함박 웃음꽃

모두가 한마음
오늘만 같아라

곱디고운 이 날이
오래오래 이어져
하늘까지 펴졌으면

내 일

너와 함께 할 수 있기에
힘 솟는다

햇빛에 살찐 꽃구름
건강한 미소의 힘

열심히
흘린 땀방울
내일의 풍요로움이다

웃을 수 있음은
베풀기 때문
밝은 내일 힘이다

5부

나무 사이로 찻집

저녁 노을

쉼 없이 달려온 하루
저녁노을 빛
찬란하게 빛난다

잔잔한 발자취도
하얀 조각구름 꽃구름도 다 녹아
노을에 불을 지핀다

활활 타는 속 깊은 곳 불길은
내 영롱한 빛
영원히 발자취 남기려고
오늘도 쉼없이 달려간다

저 노을은
내일의 태양이 되어
온 세상 따갑도록 햇살 비추고
자연의 조화로운 춤사위는
아련한 그리움이다

낙숫물 소리

처마 밑으로 떨어지는
낙숫물 소리에
잠 못 이루는 밤

불현듯 떠오르는
삶의 길목에서
잃어버린 시간들

붙잡으려 해도
기억 저 너머로 숨어 버린
그리운 날들이여

어둠을 더듬어
무언가 한움큼 잡아보려 애쓰지만
끝내 빈 손만 허공을 휘저을 뿐

그치지 않는
낙숫물 소리에
하얀 밤을 꼬박 지새웁니다

나무 사이로 찻집

향기 좋은 찻잔을 사이에 두고
그리운 친구와 함께
이야기 꽃 피우는 즐거움에

짧은 가을 해
시간 가는 줄 모르고
도란도란 이야기 샘터
새로운 추억 한 장

창밖
노랑 빨강 물든 잎새 가지에
주렁주렁
오늘의 이 시간을 매단다

먼 훗날
빈 찻잔에 남아 있는
우리의 우정 그리움…

은갈치 1

펄떡 펄떡
물 위로 솟구치는 은갈치는
파도를 만날 때마다
반짝이는 음표가 된다

밀물과 썰물이 만나는 길목
하늘과 바다의 교차로에서
해감을 토해내다
비로소
날 듯이 가벼워지는 하루

험한 파도 넘고 넘어
햇빛 바람 의지하며
마침내
두고 온 시간을 찾아
아득히 날아가 버린다

보름달

보름달 속에
도란도란 속삭이던 꿈을 그리며
그 순간들이 산다

길 떠나간 것들이
그리움 되어 별빛이 되었다

꿈 한 조각
달 거울 속에 살아
그 소리 메아리 되어 울린다

보름달 속에 떠나간 것들이 살고
강물 위에 쏟아버린 꿈이 살아
밤마다 불러내어
나는 맨발로 달려간다

시계

부엉이 울음소리
고요를 흔든다

제 홀로 한밤을 걷는
징검다리 건너기도 하고
저 멀리 산길 넘기도
바닥길 건너
돌아오지 않는다

달음박질해도
돌아오지 않고
만날 수도 없다

기다리다 손톱만이 자라고
너는 또 다시
부엉이 울음소리
새벽을 알려도
떠나간 너는 돌아오지 않는다

처마 밑 서성이는 먹구름

천둥 번개 요란하니
먹구름 품어 안은
장대비 쏟아진다

처마 밑
서성이는 참새 떼들
오도가도 못하고
정신없게 군다

낮게 내려앉은 먹구름
얼마나 많은 노여움을
품었기에
끝도 없이
장대비를 토해낸다

여우비

갑자기
먹구름 몰려오고
장대비 거칠게 쏟아진다

행인들의 발걸음이
어지럽게 흔들리고

거짓말처럼
비구름 후딱 그치고

두둥실 무지개
햇빛 쨍쨍
시집가는 여우빈가 보다

칠월 칠석

한여름 밤 눈 감으면
견우직녀 만나는 오작교
눈부신 별들 만난다

동그랗게 둘러 앉아
별들을 헤는 노래
오늘은 칠월 칠석
견우직녀 만나는 길 멀기도 하다

애초 한몸이던 것을
허리 동강나 멀어진 길
만날 길 없어도
무지개는 뜨고 지는데
오작교는 하늘 바닷길이다

안 경

젊은 꿈
결 고운 바람타고 훨훨 푸르던 날
어느새 지나고

안개로 아른거리는
눈 위로
살포시 올라 앉은 안경

먼 산등성 그림자도
볼 수 있게 해 주는 너는
바꿀 수 없는 또 하나의 눈이다

슬픔도 서러움도
추억
저 상자 속 담겨 있는 것들
오랜 내 친구다

그대 손길

바람 안에
한움큼 숨어 있는 그대

검푸른 목련 가지에도
야무진 꽃봉오리
단단히 감추고 있다

눈부신 햇살
마냥 기다리며
내 살결 웃을 때까지
기다려야 해

실바람 밟고 가는 소리
그리고 마침내
그대 손길
끝없이 정겹다

선풍기

힘든 여름
우리 손에 손잡고 힘차게 뛰자
더 높은 도약을 위하여
시원하게

더위에 열 받아서
오늘은 헉헉대며 가니

지금 너는
한치도 어긋남 없이
시원하게 기쁨주며 간다

은하수

여름밤
밀방석에 둘러앉아
닫힌 듯 열려 있는
하늘을 바라본다.

수억 년의 시간을 지나
드디어 물이 되어
만난 별무리들

떠오르는 친구들 얼굴
그래, 우리도
저렇게 꾸밈없이
밝았었는데…

중 천

조그만 옹달샘
그 안에
하얀 낮달이 살아가고

느리고 더딘 아이처럼
하염없이 느긋하다

해가 중천에 뜰 리는 없지만
때로는 그렇게
바쁜 일상 내려놓고
뒤도 한 번
돌아보고

가로등

여름밤
천둥 번개 요란해도
밤 지새우는 가로등

쏟아지는 빗속
이리저리 길을 찾는
너와 나의 등대

한적한 골목길
늘 어두운 길 밝혀주는
수호신

방 학

앞만 보고 열심히 뛰어간다
되돌아보니 새삼 고달픈 몸

방학은 노는 것이 아니다
다시 한 번 뒤돌아보고
삶을 재충전하는 것

이젠 쉬엄쉬엄 걷자
여행도 즐기며 친구와
다정한 이야기도 나누고

방학은 매끄러운 선물로
나를 위로하고
다시 한 번
나를 찾는다

거울

얼굴 보기 싫다
우울하고 괴로울 땐
거울 보기 두렵고

밝고 생기돌 땐
친구 같은
거울

너는 그 자리
그대로인데
내 마음 따라
이리저리 흔들리니

거짓없고 정직한
삶으로
데려다 주는
거울아 고마워

아마리스

저 순결한 길을
탐할 수 없다

화려해서 눈부시고
곱고 고와
사랑스러운 너

네 여린
눈망울은
감히
사랑이다

꽃과 나무 소재의 집중성과 고향 정서

-강동순 시집 《질매재 느티나무》

신 광 호 시인 · 문예비전 편집주간

1.

월아산 질매재 너머
텅 빈 들녘이 시리다

온몸을 뒹구는
저 낙엽 외로움일까?

해 떨어지는 눈부신 황홀
스산한 바람이 분다

가야 할 황혼 녘 저쪽
늦가을 느티나무 한 그루

*월아산: 경남 진주에 있는 아름다운 명산

__〈질매재 느티나무〉 전문

이 시를 시작으로 87편의 시가 《질매재 느티나무》라는 이름으로 시집이 이루어져 여러분을 만난다. 강동순 시인은 「시인의 말」에서 밝히고 있듯이 많은 연세에도 불구하고 평생학습의 장에서 진지하게 문학도의 길에 매진하고 있어 부러울 정도이다. 얼마 전 문예비전 동아리 모임에 김주안 작가(편집국장)의 주선으로 참가해서 진지한 그분의 순수하고 사심이 없는 감정을 느끼게 되었다.

2.

강동순(姜東順) 시인의 시편들을 읽고, 그 소재가 꽃과 나무, 그리고 천릿길 고향인 경남 진주에 집중되어 있다는 느낌이 들었다. 한편 일상적인 자세로 노래가 되어 자연스럽게 읽혀지고 있었다. 이 지극히 보기 드물게 짧은 여러 편의 서정시들이 그것을 바라보는 독자에게 그리움과 아름다운 희망을 줄 수 있다면 이는 바로 우리가 소망하는 지고至高, 지미至美, 지선至善의 세계를 향하는 자세가 아닌가.

내가 강 시인의 작품을 처음 읽어본 것은 2014년 겨울, 추천작품으로 비롯되었다.

밀물과 썰물에 / 해감하는 은갈치

한낮에 / 거센 파도 거슬러 그 물살에

제 마음 풀어내기도
파란 하늘 마음 담아 물감을 들이다가
더 힘껏 뛰어온 나 / 오선지에 음표를 찍는다

돌고 돌아 다못 한 이야기 해 내어야
끝이나 / 먼 바닷길을 돌아오는 은갈치

심해 바닥을 유영하며 / 자신의 욕심과 죄
바다에 풀어내고서야
푸른 바다 위에 도돌이표를 찍는 은갈치

__〈남해 은갈치〉 전문

천둥 번개 요란하니 / 먹구름 품어 안은
장대비 쏟아진다

처마 밑 / 서성이는 참새 떼들
오도가도 못하고 / 정신없게 군다

낮게 내려앉은 먹구름 / 얼마나 많은 노여움을
품었기에 / 끝도 없이
장대비를 토해낸다

__〈처마 밑 서성이는 먹구름〉

똑똑 처마 밑 낙숫물 길을 내며간다
그 물길 가다 마루 끝에 걸터앉기도 하고
턱 고여 먼 하늘 보다 / 돌아눕기도 한다

북적북적 웃고 떠들썩 잔칫집 지나
뒷골목 돌아 / 뿔뿔이 흩어져 가는
낙숫물 여행길

물길은 깊어만 가는데 / 저 물속 밑바닥 알 수 없는데
강으로 바다로 가는 너는 / 바닷물이 되기 위해
오늘 온몸을 던지며 가는 / 고향길 여행이다

__〈낙숫물 여행길〉

이룰 수 없는 것들 끝내 / 제 집을 떠나는 거라고
물든 단풍나무 가지에 매달린 잎새
불길로 전한다

바뀔 수 없는 내 뜻이 / 가지에 매달려 간당간당
저건 흔들리는 안타까움이라고

끝내 이룰 수 없는 뜻이
뿔뿔이 등 돌리며 황망히 손 흔들어 / 떠나가는 자리

그러나 / 새봄 오면 내 가슴 화판에
그려질 미래가 있고 / 또 안타까운 단풍 물들어
타 오를 것을 안다

__〈단풍 불 보다〉

귀뚜리 울음소리 갈바람 속 날아 / 사방 풀물 들인다

너덜한 처마 밑 숨어들어 / 무릎 꿇고 한밤 설어울다
그 울음소리

쩍쩍 갈라진 흙 담벽 기어들기도
움푹 파인 돌담 사이로
구불구불 허공 길 내어 오르다

무너진 돌담 사이 살금살금
웅덩이 되어 물결이 된 울음소리
찰랑찰랑 / 내 몸 안 파아란 물 웅덩이
들어와 앉는다

__〈귀뚜리 우는 밤〉

"발견하는 마음으로 더 새롭게" 제의 심사평을 보자.

문학의 향기를 찾아서, 10여 년에 걸쳐 시행해오고

있는 문예비전 신인 추천제도가 훌륭한 전통을 이어가기 바라며 2015년도 첫 추천작을 내면서 열심히 창작의 길에 나서 주길 기대하고 있다.

강동순 씨의 〈남해 은갈치〉, 〈처마 밑 서성이는 먹구름〉, 〈낙숫물 여행길〉, 〈단풍 불 보다〉, 〈귀뚜리 우는 밤〉 등을 추천한다. 새롭게 느껴지는 작품들에서 주제의식과 시적 완성도를 눈여겨 보았다. 덜 세련돼 보이지만, 어딘가 건강한 근육질이 느껴져 호감이 간다.

특히 개성적인 목소리와 어려운 기행시 같은 작품과 관조적인 자세가 인상적이다.

내일의 영광을 향해 보다 폭넓은 자세로 우리의 삶의 깊이와 넓이와도 만나길 희망한다.

앞으로 발견하는, 생각하는 삶이 세상을 이끈다는 마음가짐으로 시적 완성도에 힘쓰고 우리 시단에 새로움을 보여주는 일에 분발하기를 기대한다.

*심사위원 ; 신광호 박성철 임병호 이명혜

강동순 시인은 "소년, 소녀를 만나다" 당선소감에서, "꿈을 꾸었습니다. 파란 하늘이 펼쳐지고 소년 소녀들이 푸른 들판을 뛰어다니는….

꿈에서 깨어도 기쁜 마음입니다. 시를 알고 느끼고 만지게 되면서부터 꾸기 시작한 그림입니다.

모두들 나이를 들먹이며 감탄 반 회의 반의 눈길을 주었습니다.

그러나 모든 걸 살짝 덮고 일상의 언어로 노래할 수 있음이 얼마나 기쁜 일인지 알게 되었습니다. 소년이 소녀를 마났을 때처럼 말입니다.

큰 깨우침에 가슴이 벅차고 시를 사랑할 수 있게 도와주신 이명혜 시인님의 따뜻한 가르침에 그저 고개 숙일 뿐입니다.

이제 한 걸음 떼어 놓았으니 흔들림 없이 꿋꿋하게 걸어가렵니다.

지금부터 새로운 시작이라 생각하며 파란 하늘 마음 담아 사랑 꽃잎 한실 두실 수놓겠습니다.

부족한 저의 시를 뽑아 주신 「문예비전」 심사위원님께 진심으로 감사드립니다"라고 밝혔다.

3.

강동순 시집 《질매재 느티나무》는 제1부 〈찾아온 고향〉에 18편, 제2부 〈세미원 연꽃〉에 17편, 제3부 〈가을볕이 좋은 날〉 20편, 제4부 〈꽃잎 되신 어머니〉 14편, 제5부 〈나무 사이로 찻집〉 18편이 수록되어 모두 87편의 시로 묶여져 있다. 그의 시편들을 되풀이하여 읽어본다. 자신의 세속적인 삶의 모습이 입에서 나오는 말하듯이 직설적인 표현에서 그대로 흘러나오고 있다. 남의 눈치를 보거나 흉내를 내지 않는 진실한 목소리, 우리는 그것이 강 시인의 오랜 세월이 주는 삶의 인식에서 나온 지혜임을 알게 될 것이다.

(참고; 경남 진주시 금산면 용아리 산9. 달음산고개(질매재). 해발 720m의 우두령은 우등령(소의 등)이 구전되어 변했다고 전하며 질매재로도 불리운다. 북쪽은 황악산, 남쪽은 민주지산이 자리잡고 있다.)

강동순 시인은 인생으로는 선배이다. 월 1회 모이는 문예비전 모임에서 기쁘게 만나고 있다. 앞으로 시인의 건강한 삶과 보다 더 훌륭하고 긍정적인 자세를 기대하면서 첫 시집 출간을 축하드린다.

강동순 시인의 시세계

이 명 혜 시인

시는 언어의 예술이며 음악적인 창조이다. 시인은 언어를 표현 매체로하여 사상이나 감정을 표현한다. 시 작품은 언어를 형상화하는 과정을 거쳐야 하며 운율형식을 중요시한다. 강동순 시인의 시를 접하면 나이에 비해 시어가 젊고 따뜻해 그래서 독자는 사로잡히기 마련이다.

한 권의 시집 《질매재 느티나무》는 거저 얻어진 것이 아니다. 남 몰래 뼈아픈 노력으로 얻어진 열매이다.

이번 시집은 5부로 엮어져 있다.

제1부 〈찾아온 고향〉 제2부 〈세미원 연꽃〉이며 제3부 〈가을 별이 좋은 날〉 4부 〈꽃잎 되신 어머니〉와 5부 〈나무 사이로 찻집 〉으로 엮어져 있다.

강동순 시의 정신은 그리움이며 그것은 사라져 가는

것들에 대한 불안이다.

월아산 질매재 너머 / 텅빈 들녘이 시리다 / 온몸을 뒹구는 // 저 낙엽 외로움일까 / 해 떨어지는 눈부신 황홀 / 스산한 바람이 분다 // 가야 할 황혼 녘 저쪽 / 늦가을 느티나무 한 그루

__〈질매재 느티나무〉 전문

'해 떨어지는 눈부신 황홀' '가야 할 황혼녘 저쪽' 시인은 시간에 대한 불안과 소멸해 가는 추억 속의 그리움, 돌아가고 싶은 고향과 어머니의 품 〈질매재 느티나무〉를 통해 소멸해 가는 존재에 대한 불안 탈출을 시도한다.

1부의 〈진양호 둑에 서서〉 〈불갑사에 가다〉에서 그리움과 시간의 시 정신을 응축하고 있다.

진양호에 잠긴 짧은 시간의 흐름 그 기억이 흔적을 찍어 내듯 모든 존재는 삶의 자취를 남기는 것, 그리운 시간들 시인 내면의 정신을 풀어내는 미적 구조라 해도 좋을 것이다.

시인은 〈남해 은갈치〉에서 못다 한 이야기

자신의 욕심과 죄 / 바다에 풀어내고서야 / 푸른 바다 위 도돌이표를 찍는 은갈치

자유 세계를 추구해 나가고자 하는 정신이다.

제2부 〈세미원 연꽃 〉과 제3부 〈가을 볕이 좋은 날〉에서 시편들은 미지의 세계에 대한 그리움이다.

불안 현실을 벗어나 무한 자유를 향한 추억의 알집 그 속으로 도망하는 시인의 망명 의지가 엿보인다.

3부 〈함박눈〉에서 흩날리는 눈송이 따라 / 먼 기억의 길을 내며 / 어느새 옛 시간 속으로 날아간다

시인의 시 정신은 시간을 탈출해 무한 자유의 흔들림으로 불안은 그리움으로 넘쳐흐른다.

〈봄향기〉

냉이 달래 쑥 / 보글 보글 끓인 구수한 된장국 // 산수유 진달래 피고 / 순백의 목련꽃

고향으로 돌아가는 어머니의 품, 생명 정신 그 생명을 키워내는 자연으로의 귀환이다.

〈9월의 과수원 길〉

9월이면 / 황도 복숭아 익어가고 / 어머니가 좋아하시는 과일

〈꽃잎 되신 어머니〉

산행 길 / 흐드러지게 핀 진달래 속

그리운 어머니의 품, 돌아가야 할 고향, 강동순 시인의 시의 뿌리는 자연에 닿아 있다. 대부분의 시가 생명

사랑이며 서정으로 그려졌다. 시인은 낙엽이 되어 떠돌기도 계곡의 물소리로 빠른 걸음으로 내닫기도 한다. 사랑을 찾아 나비가 되어 바위에 부딪쳐 흙바람으로 뚜벅뚜벅 걸어가기도 한다.

〈가을 속으로〉

지난 날의 그리움을 / 품고 사는 그림자 / 어둠 속으로 가고 있는가

시간이 어둠 속으로 가고 있는 안타까움과 떠나가는 시간의 불안, 미지의 세계로 가기 위한 탈출을 꿈꾸는 시인의 사랑은 때로는 〈봄비〉로 가만히 안아주는 사랑도 있지만 아픔 속에서 비상하는 영혼이기도 하다. 시인은 슬픈 사랑이며 미지의 세계에 대한 자연 생명에 닿아 있다.

마지막으로 제4부 〈꽃잎 되신 어머니〉와 제5부 〈나무사이로 찻집〉 여러 시편들 돌아가야 할 고향 어머니의 품이다. 시인은 〈산다는 것은〉 그리움이라 했다.

I

밤새

희긋희긋 잔설이 내렸다

장독 위에 돌담 위에

침묵하는 겨울

마음 설레는 눈발이 없다면
그래도 설레는 맘 있어
새봄 반갑게 기다린다

같은 길
어제 가고 오늘 오가듯
겨울과 새봄
하늘 다리 매일 오간다

Ⅱ
먼 길 흘러온
남강은 그리움이다

철부지 시절
눈부시게 빛나는 물결
희망을 간직한
시간이다

지금
흔들리며 걸어가는

끝까지 가다보면
보석같은 남강에

나의 물길에도 엎혀가고 있다

Ⅲ

길게 드리운 그림자가
힘겨운 해넘이

밝은 날도
어두운 날도
저 산을 넘는 것
꿈처럼 아득하다

이제
모든 한숨은
끌어 안고
천천히 걸어가야겠다

Ⅳ

밝음과 어둠은
공존하는 친구

밤이 있어
꿈을 심는 길 열어가고
오르고 내리고

흔들리며 간다

사랑하고 헤어지면
시간은 새로운 만남으로 이어지고

떠나간 것들은
그리움으로 남는다

__〈산다는 것은〉 전문

산다는 것은 시간이며 그리움이며, 희망은 꿈이며 밝음과 어둠을 끌어안는, 시간은 산을 넘는 꿈이라 했다. 시인의 시간은 희망을 간직한 그리움이며 흔들리는 불안현상에 업혀가기도 한다. 화자(시인)는 밝음과 어둠을 탈출하기도 시간의 구속을 벗어나거나 굴레를 벗어나기 위한 미지의 세계를 향한 그리움이다.

〈밤은 삶을 주는 것〉에서 화자(시인)는 밤의 불안을 극복해야 할 것이다.

다시 태어나기 위해 존재하고 / 또 그렇게 / 밤은 새벽을 준비하나 보다

달빛이 길 떠나가고 길 떠나가는 것에 대한 실존에 대한 불안의 대상이다.

〈이별〉에서 잡았던 손 내려놓고 / 떠나가 버린다 // 모

든 것 다 주고 / 떠나는 것이 삶의 길

〈마음〉과 〈한 길을 가다〉에서 화해의 시학이다.

서로 다른 마음들 // 움켜쥔 손 놓으니

평화와 화해, 앞과 뒤 시간이 제 자리를 찾아간다.

〈한가위〉에서 모두가 한마음 / 오늘만 같아라

모두가 하나 되어 화해의 손을 맞잡는다

5부 〈나숫물 소리〉에서 잃어버린 시간들 // 기억 저 너머로 숨어버린 / 다거나

〈시계〉에서 바닥 길 건너 / 돌아오지 않는다

〈칠월 칠석〉에서 애초 한몸이었던 것

〈은하수〉에서 수억 년의 시간을 지나 / 드디어 물이 되어 / 만난 별무리들

시인의 시간은 고향으로 돌아가는 회귀 사상이다.

〈은갈치 1〉에서 물 위로 솟구치는 은갈치는 / 파도를 만날 때마다 해감한다

험한 파도를 넘고 넘어 / 햇빛 바람 의지하며

두고 온 시간을 찾아 / 아득히 날아가 버린다

해감을 토해낸다는 것은 세상 이치를 다시 본다는 것, 평화와 화해, 두고 온 시간을 찾아 떠나가는 미지의 세계에 대한 그리움, 존재의 시간을 추적해 간다.

이번 시집에서 지나칠 수 없는 점은 시집 전체에 흐르는 시 정신으로 보이는 '사랑'이나 '그리움' 관념, 쉬운 언어인데도 적절히 처리해내는 시작 솜씨를 본다.

시인은 누구나 그렇듯이 강동순 시인의 앞길이 대로만이 펼쳐있지 않을 것이다. 넘어야 할 난제들이 작품 속에 더욱 깊은 시 정신을 담아가야 할 필요성이 있기 때문이다.

2018년 2월 25일

이 명 혜

축하 글

언어의 마술사가 되신 어머니

이 유 선

어느덧 팔순을 훌쩍 넘기신 어머니께서 시인 동아리에 가신다고 하셨을 때 살짝 걱정이 앞섰습니다. 연세도 연세려니와 시를 쓰는 일이 그렇게 생각한 것처럼 잘 쓸 수 있는 장르가 아니기 때문이었지요. 그러나 이건 저의 기우에 지나지 않았고 열정을 갖고 배우고 익히는 어머니 모습 보면서 역시 우리 엄마라는 생각을 하였습니다.

많은 생각과 고민 끝에 다듬어진 어머니의 시를 대할 때마다 문득문득 어머니 고향이 떠오르곤 합니다. 넓은 복숭아밭과 남강, 너른 들판에서 사촌들과 뛰놀던 모습들이…

어머니께서 풍요로운 자연과 더불어 자란 덕에 아름다운 시어를 만들어내시는 것 같아 한편으론 부럽기도 합니다.

삶과 자연이 함께 어우러져 고운 생각들이 차고 넘쳐 자연스럽게 흘러내리는 샘물 같은 언어를 만나고 계시는 어머니가 더더욱 행복하시길 기원합니다.

이제 첫 번째 개인 시집을 세상에 내놓으시는 어머니께 이 벅찬 감동을 글로 표현하기가 얼마나 부족하고 부끄러운지 모르겠습니다.

사람들은 시인을 언어의 마술사라고 부르기도 합니다. 시인에게 그 어떤 형용사보다 잘 어울리는 말입니다. 또한 시는 빛이기도 합니다. 아름답고 영롱한 빛으로 세상 사람들에게 용기를 주고 곱고 따뜻한 마음을 갖도록 하니까요. 어머니도 이제 언어의 마술사가 되셨으니 더 멋진 마술봉을 휘두르셨으면 좋겠습니다.

어머니께서 용기를 내어 조심스럽게 내딛은 이 한걸음에 큰 박수를 보내드리며 아름다운 시를 쓰고 또 쓰시길 바랍니다.

하루하루가 빠르게 지나고 덧없는 세월에 대신하여 좋은 사람들과 모여 고민하고 예쁜 옷을 짓듯이 시를 짓는 어머님과 동료 분들께도 그저 감사한 마음 가득입니다.

이제 저의 미흡한 축하 글을 마무리하면서 어머니께 도종환 시인의 〈다시 피는 꽃〉을 보내드립니다. 존경과 사랑을 가득 담아서요. 어머니 정말 하늘만큼 땅만큼 사랑합니다.

2018년 2월 아직 겨울이 가득 남은 어느 날

딸 올림

강동순 시집

질매재 느티나무

1판 인쇄 / 2018년 3월 20일

지은이 / 강 동 순
펴낸이 / 김 주 안
펴낸곳 / 도서출판 진실한 사람들
주소/ 서울특별시 종로구 삼일대로 457, 713호(경운동, 수운회관)
Tel/ 02-730-3046~7
Fax/ 02-730-3048
E-mail/ munvi22@hanmail.net
등록번호/ 제300-2003-210호
ISBN/ 978-89-91905-71-9

값10,000원